I0163918

Luis Alexandre Ribeiro Branco

# Israel e a Igreja

## uma perspectiva do significado de Israel para a Igreja

### 1ª EDIÇÃO

Petrópolis, RJ, Brasil
Verdade na Prática
2014

Copyright © 2014 Luis A R Branco

Todos os direitos reservados

ISBN: 85-916703-5-3
ISBN-13: 978-85-916703-5-2
http://verdadenapratica.wordpress.com
E-mail: contato@verdadenapratica.com

# Índice

# Dedicatória

Dedico este livreto a minha família,
esposa e filhas, que nos momentos
mais difíceis estiveram sempre ao
meu lado com o apoio e carinho
necessário.

# Introdução

Vivemos um momento interessante na história da igreja, o que demonstra cada vez mais uma falta de preparo teológico adequado para as muitas lideranças das igrejas locais. Se por um lado houve uma multiplicação de treinamento oferecido nas próprias igrejas, o que não é de todo negativo, somos obrigados a reconhecer que houve um empobrecimento na qualidade do treinamento, e consequentemente dos líderes cristãos.

O empobrecimento atinge várias áreas desde a ética cristã, ministerial e teológica, mas, a hermenêutica é entre todas as disciplinas teológicas, a que mais tem sofrido com este e m p o b r e c i m e n t o.    A Hermenêutica funciona como um braço importante da filosofia, através do qual se estuda a teoria da interpretação dos textos, é o processo pelo qual os textos são entendidos de forma clara e apropriada, visando sua correta aplicação. Literalmente o termo hermenêutica significa declarar, anunciar, interpretar e esclarecer. Seu objetivo principal é traduzir o significado de um texto, tornando-o compreensível. Klyne R. Snodgrass diz que "não há tarefa mais importante para os cristãos do que a hermenêutica, pois a hermenêutica determina todo o resto." (Snodgrass, 2011).

# Hermenêutica bíblica

A hermenêutica bíblica fornece ao estudante da Bíblia as regras que possibilitam o entendimento do texto bíblico visando sua aplicação correta no que diz respeito a sua fé e a sua prática religiosa. Segundo o professor Manuel Alexandre Júnior: "A hermenêutica é um sistema de princípios indispensável para nos equipar com instrumentos certos de interpretação e nos conduzir a uma clara compreensão do texto interpretado. A hermenêutica é ao mesmo tempo uma ciência e uma arte. Ela proporciona-nos a estratégia que nos habilita a compreender o que um autor pretendeu comunicar, o que um texto realmente diz, o que ele significa para hoje. A hermenêutica é indispensável para uma interpretação válida da Bíblia: para descobrir precisamente o que Deus pretendeu comunicar; para evitar perspectivas e conclusões errôneas; para aplicar a mensagem bíblica às nossas vidas." (Júnior, 2010).

Sem uma boa hermenêutica, teremos uma má interpretação dos textos bíblicos e uma desastrosa aplicação destes na vida prática. No entanto, é preciso entender que é desejo de Deus que sua palavra seja claramente entendida e perfeitamente aplicável à vida pelo seu povo, portanto, a hermenêutica evangélica, como bem explica Grant R. Osborne, é: "descobrir a intenção do Autor/autor (autor = agente humano inspirado; Autor = Deus, que inspira o texto)." (Osborne, 2009). E assim aplicar as verdades extraídas do texto à vida prática.

A hermenêutica algumas vezes é chamada de exegese, no entanto, a exegese tem por objetivo a busca do sentido que o autor queria exprimir a seus contemporâneos, já a hermenêutica busca o sentido que um texto pode adquirir hoje. A hermenêutica bíblica começa com a própria Bíblia, a medida em que os escritos do Antigo Testamento passam por diversas releituras dentro do próprio Antigo Testamento, e posteriormente, pela forma como são reinterpretados no Novo Testamento, inclusive pelo próprio Senhor Jesus: "Ouvistes que foi dito aos antigos: Não cometerás adultério. Eu, porém, vos digo, que qualquer que atentar numa mulher para a cobiçar, já em seu coração cometeu adultério com ela" (Mateus 5:27-28).

Neste processo do desenvolvimento da hermenêutica bíblica, observamos na prática da igreja primitiva, que o processo de releitura das Escrituras judaicas tinha como elemento fundamental a pessoa de Jesus, sendo ele a chave hermenêutica que interpreta as

[ 15 ]

Escrituras, a vida em relação a Deus, ao próximo, e a eles próprios. Vejamos o que escreveu David S. Dockery: "A igreja primitiva herdou dos judeus não só as Escrituras, mas também diversos métodos de interpretação e as próprias interpretações. No entanto, a interpretação das Escrituras judaicas pela igreja primitiva incluía um fator adicional que conferia um novo significado a elas: a vida, morte e ressurreição de Jesus." (Dockery, 2005).

O próprio Jesus apresentava-se

como elemento fundamental da interpretação do Antigo Testamento, como podemos atestar em João 5:39: "Examinais as Escrituras, porque vós cuidais ter nelas a vida eterna, e são elas que de mim testificam". E ainda em João 5:46: "Porque, se vós crêsseis em Moisés, creríeis em mim; porque de mim escreveu ele". Dockery explica que "embora Jesus interpretasse as Escrituras de maneira semelhante à dos exegetas judeus contemporâneos, havia novidades tanto em seu método como na mensagem". (Dockery, 2005).

Jesus foi também a chave hermenêutica de Paulo, através de quem o apóstolo interpreta o Antigo Testamento, com o propósito de mostrar que Jesus era o cumprimento de todas as coisas. O mesmo ocorre com o autor de Hebreus, que interpretou todos rituais do Antigo Testamento como um simbolismo que culminava na pessoa de Jesus.

A hermenêutica bíblica é a interpretação dos textos bíblicos a partir de um sistema de princípios indispensáveis no qual a vida, a morte e a ressurreição de Jesus são os elementos fundamentais da sua interpretação e aplicação.

# O Antigo Testamento

O Antigo Testamento, com todas as suas leis, rituais e tradições, tem sido muitas vezes interpretado de forma equivocada, principalmente por alguns seguimentos cristãos, não tão novos como imaginamos, que desde o princípio da igreja tem procurado trazer para dentro da Nova Aliança elementos oriundos das tradições judaicas, culminando naquilo que conhecemos como "cristãos judaizantes". O Antigo

Testamento fornece certamente a preparação teológica essencial para tudo aquilo que emergirá através da Igreja do Novo Testamento.

A missão de Israel no Antigo Testamento envolvia elementos muito particulares para aqueles dias e tentar transferir estes elementos para os nossos dias, pode certamente nos induzir a erros e a cometer interpretações equivocadas da missão de Israel como povo e nação no Antigo Testamento. Israel, do Antigo Testamento, não recebeu nenhum mandato para ir às nações no sentido missiológico transcultural (cruzando barreiras da geografia, da cultura, da língua, da religião, etc.), tal como a Igreja Neo-testamenteiro recebeu.

## A SINGULARIDADE E UNIVERSALIDADE DE JEOVÁ

De acordo com os textos do Antigo Testamento, a fé de Israel faz notáveis afirmações sobre Jeová. Entre elas é a declaração que Jeová sozinho é Deus e não há nenhum outro (por exemplo, Dt. 4:35, 39) e esse Jeová é Deus sobre toda a terra e sobre todas as nações (por exemplo, Sl. 24, 96, 1 Cr. 29:11, etc.). O impacto de tais reivindicações do absoluto do Deus de Israel é sentido fortemente por todas as outras nações daqueles dias que eram quase que absolutamente politeístas e idólatras.

Não há nenhuma dúvida que a força das afirmações do Antigo Testamento sobre a singularidade e universalidade de Jeová como Deus fornece certamente algum do vocabulário para as afirmações do Novo Testamento sobre a singularidade e universalidade de Jesus (Fl. 2:9 - 11; 1 Cr. 8:5 - 6). As afirmações cristãs sobre Jesus são igualmente polemicas em seu próprio contexto histórico. Nós estamos tratando aqui das implicações teológicas do monoteísmo bíblico. Uma compreensão inteiramente bíblica da universalidade e da singularidade de Jeová, de Jesus Cristo e também do Espírito Santo, como Deus Único e Trino, está na dianteira de uma resposta teológica altamente relevante ao relativismo do coração e do pluralismo religioso e

em algumas formas da filosofia pós-
moderna.

## O PROPÓSITO DE JEOVÁ: ABENÇOAR AS NAÇÕES

A história de Abraão, começando
em Gênesis 12, mostra-nos que Deus
estava interessado em abençoar todas
as nações da terra (12:3). Em Gênesis
esta a afirmação do propósito de
Deus em abençoar as nações é
declarado seis vezes. O propósito de
Deus é o de abençoar as nações, e
com base neste interesse de Deus, o

apóstolo Paulo chama Gênesis de o "Evangelho Adiantado" (Gl 3:8). Não somente Paulo, mas adiante, na sua visão apocalíptica, João também nos deixa perceber o cumprimento da promessa de Deus a Abraão através da pessoa e obra de Jesus Cristo, quando este reúne para si povos, nações, tribos e línguas, recolhidos entre os redimidos na nova criação (Ap. 7:9). O evangelho e a missão começam em Gênesis, então, ambos estão localizados na intenção redentora de Deus para as nações. A evangelização através da apresentação clara de Jesus Cristo como Único Salvador é a resposta de Deus para esta humanidade perdida.

## JEOVÁ ELEGE ISRAEL COM O PROPÓSITO DE ABENÇOAR AS NAÇÕES

Os mesmos textos de Gênesis que afirmam a universalidade da missão de Deus de abençoar as nações, com força igual afirmam a particularidade da eleição de Abraão e de seus descendentes para serem o veículo dessa missão. A eleição de Israel é certamente uma das colunas mais fundamentais da cosmovisão bíblica, e do sentido histórico de Israel. É vital insistir que embora a opinião em sua eleição poderia (e era) ser distorcida em uma doutrina estreita de superioridade nacional, esse pensamento foi resistido na própria literatura de Israel (por exemplo, Dt. 7:7: "Não vos teve o SENHOR afeição, nem vos escolheu porque fôsseis mais numerosos do que qualquer povo, pois éreis o menor de todos os povos.") Esta é uma afirmação de que Jeová, o Deus que tinha escolhido Israel, era também o criador, o proprietário e o Senhor do mundo inteiro (Dt. 10:14), portanto, tinham escolhido Israel com uma finalidade específica para o mundo, não apenas para Israel. É importantíssimo entender que a eleição de Israel não era uma rejeição das demais nações, mas explicitamente para seu benefício final. A missão de Israel era ser algo, não ir à lugar algum.

## A DIMENSÃO ÉTICA DA VISIBILIDADE DE ISRAEL

Israel foi chamado para ser distinto do mundo circunvizinho nas maneiras que não eram meramente religiosas, mas também éticas e higiênicas. Nisto é expressado a finalidade de sua eleição com relação à promessa de Deus em abençoar as nações (Gênesis 18:19). No contexto, e no contraste ao mundo de Sodoma e de Gomorra, Jeová diz a Abraão: "Porque eu o tenho escolhido, a fim de que ele ordene a seus filhos e a sua casa depois dele, para que guardem o caminho do Senhor, para praticarem retidão e justiça; a fim de que o Senhor faça vir sobre Abraão o que a respeito dele tem falado."

Como uma nação santa, deveria ser eticamente distinta das práticas das nações circunvizinhas (Lev. 18-19), o que incluía também, uma série de regras de higiene e alimentação, certamente, relacionado com o estilo de vida pecaminoso dos povos circunvizinhos. Tal visibilidade de Israel, como nação santa e

separada, seria uma matéria de
observação e comentário entre as
demais nações (Dt. 4:6-8). A questão
da obediência de Israel nestes pontos
não era meramente uma matéria
entre Jeová e Abraão, mas com um
significado muito maior sobre os
propósitos de Jeová para livrar as
nações do pecado e alcançá-las com
o seu amor: "Se voltares, ó Israel, diz
o SENHOR, volta para mim; se
removeres as tuas abominações de
diante de mim, não mais andarás
vagueando; se jurares pela vida do
SENHOR, em verdade, em juízo e

em justiça, então, nele serão benditas as nações e nele se glorificarão." (Jr. 4:1-2).

# A visão escatológica de Israel

A promessa histórica de que Deus iria abençoar as nações através de Israel tornou-se uma visão escatológica encontrada particularmente na adoração de Israel (Salmos 47, 87, 96) e em alguns dos profetas (Amos 9:12, Is. 19:23 - 25, 49:6, 56:1 - 8, 60:1 - 3, 66:19 - 21, Zc. 2:1 etc.). Finalmente, haveria aquelas nações que não seriam juntadas meramente a Israel, mas viriam a ser identificado como Israel, com os mesmos nomes, privilégios e responsabilidades diante de Deus.

Esta é uma dimensão da herança profética de Israel que influenciou profundamente a explanação e a motivação teológica da missão da Igreja Neo-testamentária entre os gentios. Isto certamente ressaltou a interpretação de Tiago sobre Cristo e o sucesso da missão dos gentios em Atos 15 (cf. Amos 9:12). E inspirou do mesmo modo os esforços de Paulo como um praticante da teologia da missão (por exemplo, Rm.

15:7 - 16).

O drama tratado no capítulo 15 de Atos, tinha como propósito tratar do entendimento errado que os judeus tinham sobre Deus. Na verdade, eles achavam que Deus era judeu, sendo assim, a única forma possível de Deus interagir com o homem, era se o homem se convertesse ao judaísmo, não como uma religião, mas uma cultura que regulava todos os aspectos da vida.

O entendimento judeu da sua eleição estava ao reverso, pois, ao contrário de entenderem que foram eleitos em Deus para uma missão no mundo, eles acreditavam que Deus havia se tornado judeu, como única possibilidade de uma missão no mundo. Portanto, este capítulo de Atos nos mostra que na verdade a perspectiva de Deus com relação aos povos é totalmente abrangente. O que nos leva novamente ao conceito da Universalidade de Deus, ou se preferir, a universalidade da graça.

Com a pregação do evangelho por todas as regiões daqueles dias, converteram-se ao evangelho muitos judeus, mas também, muitos não judeus. Quando temos que conviver numa cultura mono-cultural (uma só cultura), é muito mais fácil poder conviver e servir, até porque, tal como os judeus, cometemos o equivoco de achar que a nossa cultura é a cultura de Deus. No Brasil os brasileiros costumam dizer: "Deus é brasileiro". É nada, a nacionalidade de Deus nas Escrituras é universal, em Ap 19:16 está escrito: "E no manto e na sua coxa tem escrito este nome: Rei dos reis, e Senhor dos senhores". Deus não é brasileiro, nem português e nem israelita, ele é universal.

Tendo os judeus confundido a sua cultura com a cultura de Deus, entenderam que todas as pessoas no mundo, se quisessem servir a Deus, deveriam adotar a cultura judaica (At 15:1 e 5). Este é um erro tão sutil, que ele acontece com muita freqüência ainda hoje. Temos a tendência de olhar a cultura do outro de cima para baixo, de desprezá-la. Olhamos e dizemos: "Estes angolanos precisam saber como se adora a Deus!" ou ainda: "E estes europeus com esta frieza e

[ 40 ]

formalidade toda não sabem nada do que é celebrar ao Senhor!" E por ai vai, estamos convencidos que na nossa cultura é que se celebra a Deus como se deve ser.

Quando missionário na India tive uma experiência interessante, nos grandes centros urbanos, é fácil se adaptar a igreja local, poucas coisas se difere das nossas igrejas ocidentais, mesmo nas aldeias, acabamos por exportar o método tradicional de culto, louvor, oração e pregação, as pessoas sentam-se viradas para o dirigente, ou ao nosso redor, etc. Mas minha grande experiência foi no interior de Bihar, num culto, fui imerso na cultura indiana de uma forma fabulosa, os instrumentos para começar eram a citara, harmônica e tabla. O pastor sentava-se num divã ao meio da sala, os músicos aos seus pés, e as pessoas a sua volta. O pastor vestia-se de branco, com suas vestes longas, parecia um guru, e o culto seguiu uma liturgia fabulosa. No início julguei aqueles irmãos, questionei sua forma estranha de culto, mas quando vi a sua adoração, tive que me render, e louvar a Deus pela oportunidade de estar ali e celebrar com eles. Eles celebravam à moda indiana, na verdadeira moda indiana.

Observem comigo este texto: "E perseveravam na doutrina dos apóstolos..." (At 2:42). Se você ler o livro de Atos vai observar que a igreja primitiva era apegada a doutrina apostólica, estavam sempre ao redor dos apóstolos para receber seus ensinos, e suas dúvidas eram trazidas aos apóstolos e eles a luz das Escrituras, buscavam ajudar aqueles irmãos a crescerem na fé. Enquanto foi assim, eles conseguiram manter a unidade entre eles, mas foi só se desviarem um pouco da doutrina apostólica e as coisas começaram a complicar.

O texto diz que alguns que tinham descido da Judéia ensinavam os irmãos (At 1:1). Quem eram estes homens que nem nomes tinham? Que fazia a igreja a ouvir tais homens? Quem deu a eles autoridade para doutrinar a igreja? Observe que tão logo a igreja abriu mão da doutrina apostólica, passou a ouvir qualquer um, trouxeram dificuldades

[ 44 ]

para dentro da igreja. Doutrina é função pastoral, é responsabilidade daquele que é o pastor da igreja.

Quando os crentes andam por ai, ouvindo qualquer coisa nas igrejas ou na Internet, acaba confuso, é preciso ser seletivo no que se ouve. E mesmo na igreja, o papel doutrinário da igreja é do pastor, que a luz das Escrituras buscará conduzir esta igreja nos caminhos do Senhor.

O assunto cultural surgiu na igreja, todos falavam, emitiam suas opiniões, os fariseus convertidos, os mestres sem nome, até mesmo Pedro, até que

Tiago, pastor da igreja, esperou que acabassem de falar e concluiu com sua doutrina (At 15:13). Obviamente que na igreja podemos ter opiniões distintas, e até podemos com humildade e temor expressar nossas impressões, no entanto, devemos saber que a palavra final cabe ao pastor da igreja.

Quando olhamos para o mundo, e vemos esta enorme e espantosa diversidade cultural e religiosa, o que é fundamental? Quando olhamos para o cristianismo, com suas mais variadas vertentes, denominações e grupos, o que é fundamental? Quando olhamos para dentro das nossas comunidades locais, onde as pessoas são livres para pensarem e viverem os mais variados estilos de vida, o que é fundamental?

# O que é fundamental

O problema que surgiu na igreja era o seguinte, a graça de Deus ultrapassou os arraias judaicos e alcançou os gentios e estes convertidos passaram a fazer parte da igreja, no entanto, alguns judeus convertidos entendiam que era necessário aos gentios praticarem os rituais judaicos e guardarem a lei (At 15:1 e 5). O assunto rendeu tanto e foi tão acalorado, que se tornou necessário a realização de um concílio para tratar da questão.

O texto nos diz que a confusão ao redor do assunto era grande (At 15:7). Então Pedro, apóstolo do Senhor, se levanta e faz uma maravilhosa apresentação da doutrina da graça em que neste particular assunto, resume em dois pontos importantes:

1. Deus "não fez diferença alguma entre eles e nós" (At 15:9). – Isto pode parecer uma simples declaração, mas na verdade é uma grande revelação de Deus. Pedro chegou a

conclusão, que analisando com sinceridade os efeitos da graça de Deus, tanto em judeus como em gentios, o resultado é o mesmo: Deus se manifestou, "purificando os seus corações pela fé" (At 15:9).

2. O segundo ponto abordado por Pedro como relevante, vai ao cerne da questão cristã: "...cremos que seremos salvos pela graça do Senhor Jesus Cristo..." (At 15:11). É neste ponto que está toda a diferença e tolerância. Vou dividir a frase em duas para ajudar a perceber: 1.

Cremos que seremos salvos pela graça, ou seja, sem mérito algum e intervenção humana. Nenhum de nós fez qualquer coisa capaz de nos salvar da perdição eterna, tudo o que foi feito, desde nos eleger para a salvação, e criar fé em nosso coração, e também desejo e incapacidade de resistir ao chamado de Deus e ao seu amor, foi obra do Espírito Santo de Deus. 2. "...do Senhor Jesus Cristo..." (At 15:11). Cristo é o centro da fé. Uma fé sem Cristo e sua obra, não é cristã. E quando digo Cristo, digo o Cristo narrado e descrito nos

Evangelhos, não o Cristo imaginado e idealizado pelas mentes criativas dos homens.

Logo após a palavra de Pedro, Tiago, irmão do Senhor Jesus, pastor da igreja em Jerusalém, faz um resumo do que era de fato importante:

1. "...que se abstenham das contaminações dos ídolos..." (At 15:20). – O texto faz referência a comidas e coisas oferecidas aos ídolos. Não é a comida oferecida pelo outro e que eu por acaso comi sem

saber, mas aquilo que é consciente. Na conversão dos gentios, estes chegaram na igreja cheio de superstições, muitas delas ligadas a coisas práticas da vida e que estavam relacionadas com deuses e crenças pagãs. A continuidade destas práticas representavam idolatria, o que ia contra a fé exclusiva em Cristo. Estas contaminações eram como as simpatias, as rezas, as benzedeiras e toda forma de alcançar a graça sem ser por intermédio de Cristo.

O meio cristão evangélico tem estas coisas, como a água benta, o óleo ungido, a oração poderosa, a mão santa, o galho de arruda, a oliveira de Israel, a água do Mar da Galiléia, e todos esses amuletos que são oferecidos nestas reuniões de fé. Todo exercício de fé que não tenha Jesus Cristo como centro é idolatria.

2. "...da prostituição..." (At 15:20). – Os valores sexuais da maioria dos gentios daqueles dias, em especial dos gregos e romanos, eram sem limites. Suas festas eram verdadeiras orgias, onde tudo e com todos eram permitido. O resultado eram os mais

diversos, desde doenças até o extermínio de inúmeras crianças que nasciam indesejadas, frutos destes relacionamentos. Isto não só era uma bestialidade, baseada no instinto e prazer, como também uma falta de dignidade para com a vida, com os sentimentos e para com o corpo. O texto nos serve de orientação para toda relação que não tenha estes elementos do respeito ao outro, o sentimento de amor, a dignidade da vida e a santidade do corpo.

3. "...o que é sufocado e do

sangue" (v.20). — Aqui temos um ponto mais delicado e que volta e meia é motivo de dúvidas entre os crentes. Em primeiro lugar o texto faz uma alusão ao direito do animal a uma morte digna, sem crueldade. Se observarmos a forma prescrita na lei para se abater um animal para alimentação, ela era rápida e limpa. O texto nos exorta a fugir da crueldade, da morte do animal por meios cruéis, lentos e dolorosos. Observe que não se trata aqui simplesmente de como matar um animal, mas de não permitir que o coração humano sinta prazer, e se delicie com a crueldade e com o sofrimento. Uma pessoa capaz de agir com crueldade com animais, fará o mesmo com humanos. Foi a crueldade dos homens daqueles dias que os tornaram capazes de encher o coliseu romano para verem crianças nos braços de seus pais a serem devoradas por bestas.

Em segundo lugar, temos a questão do sangue. Neste sentido em particular, podemos ir em duas direções, a primeira é a direção apontada por alguns estudiosos de que a semelhança da cultura judaica,

[ 58 ]

o crente deve se abster completamente de comer todo tipo de sangue, visto que o comer do sangue poderia criar uma séria dificuldade no relacionamento entre judeus e gentios na igreja. Lembre-se que em boa parte daquela comunidades, judeus e gentios compartilhavam juntos da mesa das refeições, ato importante na comunhão da igreja, como isto seria possível, se os gentios não tivessem disposição de respeitar as tradições judaicas?

A segunda direção é aquela que

acredita que este é um aspecto cultural, e desde que o sangue seja processado e cozido, não há problema nisto, desde que os gentios não estivessem em mesa comum com os judeus. John Gill, o comentarista, diz que na primeira proibição quanto ao sangue está em Gênesis 9:4: "A carne, porém, com sua vida, isto é, com seu sangue, não comereis." Dá nos a entender que tal como o comer a carne separadamente do sangue não era errado, o comer do sangue separadamente da carne não estava errado.

# Conclusão

A minha conclusão pessoal é que cada pessoa deva fazer como sua consciência o direcionar, sempre observando que não é o comer e o não comer o mais importante, mas a unidade do corpo de Cristo. No entanto, é preciso observar também, que esse regulamento quanto ao sangue foi divulgado entre as igrejas gentias não como meio de salvação, mas como base de comunhão, no espírito da exortação de Paulo de que aqueles que eram fortes na fé deviam estar prontos a restringir sua liberdade nessas questões para não ofender o irmão mais fraco (Rm 14:1, 1 Co 8:1). Embora os gentios neste texto tenham sido os vencedores, Tiago pediu a estes que cedessem alguns dos seus direitos que haviam ganhado em vista das condições dos judeus que haviam perdido. Observem que a unidade da igreja é sempre o fator fundamental.

O que é mais importante? Crer que pela graça somos salvos por meio da fé em Cristo Jesus, que nosso viver deve ser para a glória de

Deus e de forma digna e santa, e que estejamos dispostos a abrir mão de nossos hábitos e até direitos, para preservar a unidade do corpo de Cristo.

Quando nós lemos o Antigo Testamento precisamos fazer algumas considerações tais como esboçado acima, pois muitos dos textos do Antigo Testamento tem uma aplicação muito particular, em especial a vida e prática dos judeus.

Este foi um exame curto, que aponta a um número de áreas onde os temas chaves do Antigo

Testamento e as convicções centrais da fé e da cosmovisão de Israel tiveram um efeito profundo no Novo Testamento e na compreensão cristã da nossa missão e viver no mundo - ou mais exatamente, nossa participação na missão de Deus no mundo de Deus.

O importante é compreender que a igreja não deve e não pode misturar sua forma de viver com a forma de vida do Israel antigo, naquilo que é particularmente reservado aos Judeus e não aos gentios.

# Sobe o Autor

© Luis Alexandre Ribeiro Branco

Luis A R Branco é esposo, pai, escritor, poeta, professor, teólogo, pastor, filósofo, apologéta, alegre, e de bem com a vida. Seu trabalho já o levou a viver no Brasil, Índia, Nova Zelândia, Noruega e Portugal, devido ao seu trabalho já atuou em aproximadamente em vinte e seis países.

Licenciado em Estudos Bíblicos e Teologia; Mestre em Administração Eclesiástica; Doutor em Ministério (hc); Doutorando em Filosofia; Membro da Society of Christian Philosophers.

Conheça mais no Blog:

http://verdadenapratica.wordpress.com

www.ingramcontent.com/pod-product-compliance
Lightning Source LLC
Chambersburg PA
CBHW020520030426
42337CB00011B/482